"#fistfuckingfaust och andra dikter"
©Mathias Jansson (2015)
ISBN: 978-91-86915-14-8
 Utgiven av:

"jag behöver inget förlag"
c/o Mathias Jansson
Tvärvägen 23
232 52 Åkarp
Hemsida: mathiasjansson72.blogspot.com

Tryckt Lulu.com

Innehåll

Onkola 3

Till Max Schreck 10

Annan fara 21

Glory Hål 30

#Fistfuckingfaust 42

Den poetiska relativitetsteorin 46

Nosferatus pennor 52

Onkola

Kapsel 1

Långt ute i ödemarken
finnstrollstrakter
vilar draken
på sina glödande skatter
väntande
samlande
sina krafter

Djupt i bergakungens sal
vilar solens barn
drömmande
undergångsdrömmar

Onkola
du sover i evighetens bås
men sakta rostar tidens lås
med droppens kraft
och envishet
faller till sist
även den största hemlighet
ur en evighet.

Kapsel 2

Genom vindlande
slingrande stigar
sökte vi oss ner
i dvärgarnas rike

Högg och högg
ett underjordiskt dike
aldrig hade mänskligheten
sett dess like

Trettiotusen nätter
trettiotusen famnar
åt vi berg
gnagde sten
tuggade grus

Vi sprängde
miljoner år av tid
urtidssand
skingrades som damm
spred sig som svartsot
i våra själar

dödade oss långsamt
vi framtidens trälar

Våra ögon krympte
till vita ovaler
vi slet och led
i djävulska branter
tills vi stupade
över domedagskanter.

Kapsel 3

Djupt där nere
i Hades vatten
längts där nere
i den mörka svartalfnatten
byggde vi sarkofager
ristade med blombladsreliefer
varnade hieroglyfer

Den tusenhövdade hydran
fjättrade vi med kopparkedjor
vildsint rytande
splittrande
sprutande
sina genomträngande
eterångor

En miljons miljarder
oändligt många
osynliga
omöjliga att fånga.

Kapsel 4

Onkolas svarta säd
strålande strömmar
i spegelblanka bassänger

Himlens varma regn
tränger genom tiden
sipprar som spår
genom våta sår
genom en fuktig reva

Sprickor
av uråldersfickor
trängde
sprängde sig fram
tills berget stod havande
i fuktiga betongvalv
med Onkolas avkomma

Med åren växte och värkte
mörkrets fasor
flammande röda
tills tidskapslen bågnade
och kläckte verkligheten

Ur Onkolas sköte kröp
ett myller av liv
svarta tusenfotingar
som krälade
blinda med pansarlarvsfötter
taggtrådständer som bet
kopparkäftar som slet
undergångsdemoner
ur avgrundens fasor.

Kapsel 5
Låt stenens tecken
slitas släta
av glömskans händer

Glöm allt du läst
låt glömskans frid
tömma minnenas skog

Låt bladen falla torra
som höstlöv
mot marken
skrumpna
murkna

Låt mina ord
eka bort
som tysta varningar
glöm allt du någonsin hört
om Onkolas fördömda jord.

Till Max Schreck

Scen 1
Istappskors
ligger kors och tvärs
fallna ur gråtna skyar
korsfästa i sanden
vid evighetens strand

Vinden viner
genom benpipflöjten
genom snäckskalens
spröda salar

En darrande fjäder
är tidens visare
i din hand

Fastspikad med isspikar
bultar ditt ensamma hjärta
på en saltstänktdränkt bänk

I hjärtas alla hålrum
rinner din längtan

en strid ström av ord
skrivna med brinnande blod

Ord som färdats
genom Transsylvaniens
vansinne
de har rasat
förfasat
nedför odödlighetens flod

Hans kärlek har sökt dig
genom vargklädda skogar
färdats i skymningen
i övernaturliga ekipage
dräpta i ett tjockt mörker
ända ner i gravens valv
har han sökt dig

Hör hans mörka hjärta
dunkar
skräck
schreck
skräck...slagen.

Scen 2
Nu vänder han
åter hem till dig
ombord
på ett pestskepp
på den fördömda
Flygande Holländaren

Vid rodret Nagelfar
står de odödas kapten
stel
vit
blek
styr han
med slaka segel

Skeppet når till sist
de fördömdas hamn
de dödas ö
gravgårdslandet
de fallna korsens strand

Som i Hameln
lastar man

i alla hast
av sin dödande last

En strid ström
en mardrömsvåg
rinner ur förens
ruttnade skansar
våg efter våg
av döskalledansande
bleka svansar.

Scen 3

Skräck - sträck nu ditt
dödliga skuggspel
innan förrädaren Petrus galt
och domedags klockan klämtat

Innan fyrljuset sökt
och brännmärkt
din förtappade själ

Genom Europa
blåser bistra vindar
med farsoten
besmittningen
dödsskuggor av hat

Nere vid kajen
ligger Karons skepp
väntande
lastande blykistor

Fly min älskade
medan skymningen ännu råder
fly innan solens uppgång

innan smittan sprider sig
genom väggarna
viskande
sin dödssång
din undergång.

Scen 4

Astaroth, Astoroth
du mäktige
jag besvärjer dig
visa ditt anlete
dolt i skugga

Avslöja för mig
livets heliga skrift
jag befaller dig
ge mig
livets nyckel

Av jord är du kommen
till jord ska du åter vara
i din panna
tecknar jag livet

Ahasverus
Captcha
Thessalonian
och Genom

Hör hur den galna araben
mumlande kallar dig
ur vansinnets berg
med sitt mässande

Drippel
Droppel
Dippel

Längs livets spiraler
löper besvärjelserna
sammanflätade trådar
genom sidornas rygg

Res dig beläte
stig upp
ur urtidens hav

Jag skriver dig liv
namnger dig
ur böckernas bok
och ditt namn ska vara
Golem

Bliv liv och levnad
och förökat eder
tills ni är talrika
såsom bokstäverna
på pappret

Rinn som svartboksmagi
tills sidorna mörknar
av degenerade bokstäver
kokar samman
till en urkosmisk dypöl
till den sista fasta punkten

Där allt åter förvandlas
till aska och åter aska
ett fint blyertsdamm
som blåser bort i vinden.

Scen 5

I mitt kuriosakabinett
ligger döskalleskelett
ruttnande kött
gnistrande fickur
gåsfjädrar
nedstuckna i
timglassand
krossade snäckor
och stumpar av ljus

I min spådomskula
ser jag miljoner somnabulister
som blint följer
soljhjulets snurrande dödstjärna

Slätspeglade stövelskaft
som taktfast marscherar
i flammande fackelsken

Jag öppnar dörren
till det förflutnas skräckkabinett
ändå in i hemlighetens kammare
går de vitkalkade gångarna

där rakbladsvassa etiketter
ligger travade på hyllorna

Nu stänger jag historiens pärmar
de tjocka dörrarna
där tystnandes skrik
bolmande stiger
indränkta i lukten
av skräckslagna lik
som en övergiven gravsten
ska mina ord vittra
för de historielösa generationerna
som kommer efter mig.

Annan fara

I hast lastar vi vår last
packar pappas kappsäck
stuvar allt in i farkostens
trånga lastutrymmen

Vår flykt är noga förberedd
men beskedet dröjer
startsignalen tvekar
och när den väl kommer
är det för sent

Förtvivlade
desperata
lämnar
vi de andra skeppen
bakom oss

Brinnande
oduliga
strandsatta
blir de stående
på den sjunkande planeten

I rymdraketfart lämnar
vi alla tårar bakom oss
medan skräcken slungar oss
ut i vansinnets rymd

Vi färdas stumma
i den stora tystnaden
försjunkna i oss själva
omtumlade
av mardrömmar
försöker vi finna vår kurs

Men vid Jupiter
dyker hastigt
på kollisionskurs
den svarta monoliten
upp över horisonten

Vårt skepp
tvingas till tvära kast
vi river upp stora sår
och förlorar
stora delar av vår last

skadade
sargade
sätts våra skyddssystem ur spel

Okända virus
infiltrerar
varje nerv
sprider sig längs märgen
förmörkar själen

Det verkar som om
vi nu nått
förståndets skarpa kanter
vilsna driver vi omkring
i vansinnets utkanter

Tiden ligger förskjuten
bland svarta hål
och snurrande spiralgalaxer

Okända krafter
drar oss
mot primtalspulsen fyr

mot den lockande Vega

Daisy daisy daaaaissssi
da a a a a s s s iiiiiiiiiiiiiiiiiiiiiiiiiiiiiii

Vi ligger i bana
kring den
förbjudna zonen
i patafysikens atmosfärer
där galenskapens gränser
smälter samman med det
oändliga
okända

Utanför våra fängelsefönster
skummar havets hjärnvågor
en grå massa
som vaggar våra drömmar
söker med sina tentakler
sig in i nervernas finaste trådar

I korridorerna
vandrar hallucinatoriska syner
dubbelgångare

de avlidnas hologram
svävar
i vita rockar
längs elektrificerade noder

Rädda
söker vi ensamheten
isoleringens falska trygghet

Utelämnade
åt vår värsta fiende
sitter vi länge och pratar
med oss själva

Paranoida iakttar
vi våra spegelbilder
bevakar
söker
i det inre av iris
efter dr Jekyll och mr Hyde

Apatiska
sitter vi
lyssnande

på minnenas dimbanker
som knackar på fönstret utanför

Med rödfrusna fingrar
tecknar vi
på glaset
tvångsmässiga ceremonier
cirkelrörelser
mystiska tecken

Vi försöker
Besvärja rädslan
hindra den
från att passera
förståndets tröskel

Dagarna förflyter
åren passerar
rutinerna
växer sig fast
i våra stela kroppar

Mimans syntetiska droger
dövar våra själars hunger

och lägger som ett dis
längtans drömmar
över våra sinnen

Tvångsbältade
blir vi liggande
i våra fåtöljer
framför skärmarna
som flimrar
med ljud och bilder
från universums
oändliga stjärnkanaler

Men så en dag
sprids ett rykte
med hasande steg
genom hörselgångens
korridorer

En expedition
har sjunkit
ner i drömmens gråa substanser

den ska söka
efter den sjukna staden
försvunnen
sedan urminnes tiden
försvunnen
i drömmarnas gyttjelager

Lång inne i de förseglade valven
nere i den mörkaste avgrunden
ska man finna
den gyllene sfären
svävande
på rosa moln
en metasfär som ska
besanna alla våra drömmar

Det ska vara ett ljus
som ska leda oss
ur grottans skuggor

En strålande stjärnan
som ska leda oss
hem

men dagarna går
vi hör inget
från de sökande
havet fortsätter oavbrutet
att rulla tungt
skymningen sänker sig
ständigt över oss

Minnena eroderas
tystnaden sluter sig
allt hårdare
omkring oss
mörkret gräver
sig allt längre ner
in i våra själar

Tills vi faller i glömska
blir sittande
övergivna i korridorerna
ruiner
av mänsklighet
de bortglömda
själsastronauterna.

Glory Hål

#Kyrie

Till mitten hunnen
hunden bunden
vid tidens slut
mina ord
studsar ut
i denna sista minut
runt i timglasvalvet
på sin färd
mot avgrundsstupet
tidens slut
nyårsskalvet

I den sista sekunden
blir tidsdroppen hängande
speglande
varenda ögonblick
som varit
historien som
under året
farit
genom tidshålets loop

Som poesi
formar sig orden
strömmar
mot den slutliga expansionen
före explosionen
efter implosionen
när orden
i den sista stunden
slits sönder
i den svarta punkten
återvänder
till ursprunget
slutet
födslotjutet

#Gloria
Innesluten
i den mörka maskinen
lukten av historisk jord
färgen
som flagnande rinner
rostgrön
längs traversernas

navelsträngar

Stolarna som knirrar
knarrar
skakar i hänryckning
av den intima rörelsen
förförelsen

Ljuset som sprider sig
brinner
längs taket
solen
elden
det flammande begäret

I det oerhört tysta
hör jag
mörkret som brister
toner
ur Pärts mässa

En suck av kedjor
vingslag
av järn

längs andedräktens
dimma
avskedstimma

Metronomens
vassa takt
som sveper
sin lie
längs handledens
pulserande slag

Dina andetag
ligger så nära
att jag kan höra
pulsen slå
pukslag
triangelklang
lång därnere
i din kärlekskammare

Rummet drar sig samman
ljuset brister
blodet forsar
musiken skriker

när jag
än en gång
föds
in i de allra
hemligaste
och heligaste

Credo

Jag färdas genom den
trånga spiralen
runt runt
stiger hastigt
upp
upp
genom den dunkla
gången

Genom
gluggarna
hör jag vindens
vinande
rusa förbi
när jag stiger
upp

upp
genom Adams torn

Under mina fötter
rinner sten vid sten
nednötta
av miljoner
trötta ben

Vindlingen
vidgar sig
och svindlande
blir jag hängande
utskjuten
ur mörkret
famlande
nyfödd
vid kanten

Genom kroppen skär
solstrålarnas
spindelväv
sträcker sig
genom kroppens

nyfödda själ

Darrande står jag
vid den svindlande
branten
äntligen fri
simmar jag
i den eviga tanken

Sanctus
På andra sidan
vid min sida
ligger
den jungfruliga Maria
väntande
med smäckra spiror
portarna öppna
av fuktigt
sommarregn

Inne i det heliga
flammar fönstren rosenröda
av solnedgång
jag rör mig stilla

som vespersång

Den väldiga kammaren
vidgar sitt inre
när jag tränger
allt längre in
i det mörka

Längs de välvda valven
de kupade kupolerna
stiger friden
längs mina läppar
dränkta i smaken
av ditt kött
och blod

Min själ återföds
återuppstår
mellan Maria domens valv
när förlåten
rämnar av glädje
och jag faller
i hänryckning
mot bergets

hårda kant

Benedictus

Som en påminnelse
om förfallet
syndafallet
flyter historiens
skugga
ur den ihåliga tanden

Kriget som förförde
och förstörde
störtade tornet
samman

När bomberna
de skoningslösa släggorna
fick tidens grus
att rinna
längs
de bedjande väggarna

Jag simmar
omkring

i andens akvarium
där skymningen
sänker sina blå strålar
genom glaskvadraterna

Månskenet
sipprar osynligt
genom natten
som vattenlek
ringlar tanken
bort med
strömmande vatten
och mina ord
vittrar bort
suddas ut
när de skrivs i vatten

Tiden
sjunker sakta
undan
för stunden

Agnus Dei

Allt är stilla
allt är tyst
allt är givet till låns
allt är tagit
mig ifrån

Mitt kött är dött
mitt blod är stelt

Naken
i min benrangelskrud
fråntagen
min andedräkt
försjunken i sten
ligger jag
på lit de parad
i en stad av evighet
där mina sista ord
är ristade i sten

Här vilar jag
i den sista punkten
i mörkret

där liv och död
är uppståndet
och försjunket.

#fistfuckingfaust

Det var stormarknadens demon
som stod och tjöt
Kom och köp!
Kom och köp!
lockade och pockade
med paradiset
bland bländande skönhetsideal

Utanför köpcentrats
hetsiga
stressig folkström
var kontraktet
plötsligt skrivet
en signatur
rafsad i all hast
och jag var fast

En gratis eltandborste
bara för mig
den utvalda
en livslång prenumeration
på tandborsthuvuden
ett oåterkalleligt avtal
utan ångerrätt
som dömde mig

till en evighet
av brinnande konsumtion

Jag gick min väg
utan själ
i min hand dinglade
en färggrann påse
och i mitt bröst
brände hettan
från kreditkortets
nyputsade plast

På golvet till min hall
möttes jag av
en forsande flod av drömmar
genom mitt brevinkast
strömmade
regnbågens alla färger
i serietidningsbubblor
av guld och rött
Kaboom! Baam! och Smack!
som ballongsprack
och fyllde rummet
med konfettiord
GRATTIS!
LYCKA!
KÖP!

Min dators inkorg
bågnade havande
av löften
om transaktioner
okända prinsar och änkor
i nöd och brådska
ville med desperat
förtroende
lämnade sina
besparingar
föra över sina pengar
till mig den utvalda.

Och alla de löften
om gudomlig potens
och all de anorektiska kvinnorna
med förstorade bröst
som kommer att ge mig tröst
så fort jag köpt
magiska piller
med förbjudna kemikalier

Jag älskar er alla
som bekräftar mig
som fyller min tomhet
med smickrande yta

jag tror
att den som är satt i skuld
är fri
för han kan köpa sig
ett odödligt liv

Man måste
konsumerar mera
slita, slänga, köpa nytt
för fyller man livet
med saker och prylar
försvinner
ensamhetens
svarta hål

Därför sålde jag min själ
för ett liv i konsumtion
jag slöt ett avtal
med stormarknadens demon
om löfte om evigt liv
med obegränsad kredit
i dödens Ullared.

Den poetiska relativitetsteorin

Breddgraderna ligger långt
utanför det linjerade pappret

Det vita pappret
är jämnt fördelat
i alla riktningar
tusentals meter under
den tunna ytan fångas
bokstäverna i tanken

GPS-koordinaterna hänvisar
till ett område i texten som
ligger utanför den sammanfattande
handlingen

Kompassnålen snurrar i hålslagen
riktningen verkar vara
neråt

Genom grafittunneln
rör sig skriften i ljushastighet
i marginalen lämnar den efter sig
fantasifulla bokstäver

I det hopknölade papprets
extra dimensioner
ligger texten ihoprullad
väntande på att
avslöjas

Transparenta är ringarna
på ytan
men under myternas textmängder
ligger den glömda vokalen

Genom det ogenomträngliga språket
reser tanken obehindrat
genom tomrummen

Det tunga bläcket
stoppar bokstävernas resa
klumpar ihop dem till ord
som svarta fläckar
avtecknar de sig på membranet

Den försvunna bokstaven
borde finnas
någonstans mellan Q och R
trots ihärdig tangetbordstryckningar
är den ännu inte funnen

Längs papprets tunna linje
uppenbarar sig det försvunna språket
som en svagt utsuddad spökskrift

Mellan A och B
färdas berättelsen
när boken uppnår
den kritiska massan
faller texten samman
in i författarejagets ego

En bokstav kan bete sig
som en massa och en våg
den kan vara både text och ljud
på samma gång

Den poetiska ekvationen
innehåller alla alfabetets bokstäver
oändlig blir meningen
när språkets regler
bryter samman
i den sista punkten

Med en skarp skalpell
skrapar jag från hjärnans yttersta lager
genomskinliga skivor
fantasins membran
som jag sedan fäster
på pappret som poesi

Men jag skulle vilja
med klyvyxans egg
tränga långt ner
i hjärnbarkens saft
slita ut grammatikens rättesnöre
ordförrådets rättstavning
hugga sönder allt till en sörja
köra språket
genom mixerns rakbladsvassa knivar

Förvirrad
galen
genial
skulle jag inte längre veta
vilket språk jag talade
vilket alfabet jag använde
mina ordböcker skulle vara tomma
men mina dikter skulle rinna
över papprets kanter
som ett hav av oändlighet

Ur min ordspråksbur
plockar jag tystnadens
svala fåglar

.

.

.

nej...
man hör dem inte
stumma och
stilla
vilar de
i min hand

Som ett ögonblick av tvekan
innan ekot återvänder

Som en paus i
vindens andetag
då löven lyssnar

Som de blanka orden
som rinner
mellan doktor Murkes
magnetiska poler

Som ett ögonblick
som dröjer sig kvar

på scenen
efter Vladimir och Estragons
slutreplik

Så vilar tystnaden
i min kupande hand
en sällsynt dryck
som släcker törstande själar

Varje försök att beskriva den
löser upp sig
som hägringen i öknen
kvar blir bara
det dallrande intrycket
av närvaro

Jag går i klinch med klichéerna
på kritikernas knock-out
utropas jag till klichéernas mästare.

Nosferatus pennor

Armen pressas ned i skrivmaskinen
blytyperna hugger i köttet
tatuerar med förgiftad skrift
kroppens blödande böcker

I skuggorna kryper jag omkring
genomborrad av
de exklusiva stålpennorna
av märket Fontaine
de vassa kanylerna

Jag är igelkottens skugga på väggen
ur mina vener stänker
sorgens svarta bläck
längs rummets vitkalkade väggar
framträder framtidens linjer
visionerna fastfrusna på tidens rand

Ur munnens mörka brunn
stiger kylans dimmor
ögonens springor
ögonvitorna som försvinner
in under hjärnans hinna
pannans pergament vilar i veck
kroppen krampaktigt sträckt

över skrivpulpetens nötta däck

En välvning, en skälvning
genomfar kroppens katedral
vidgar blodets vindling
stående framför tidens svindling
med den oändliga känslan
av att snart svimma

Dammens kanter brister
ur näsan blodforsen störtar
faller ner i vattenkannans
orörda yta
jorden bävar
oceanen häver sig
rullar sig i skräck
stegrar sig mot kanten
rinner över
ett bedövande vrål
när havet tar tillbaka de döda

Godizilla stiger ur skummets skal
raserar murarna
som innestänger urtidens vrål
uraniumstavarna glöder
de skenande stenarna
de radioaktiva bokstäverna stelnar

på fyrklöverns muterade blad

Trolldomsbilder sprider sig över skärmen
puffar av billiga rökridåer
skenar genom mediebruset
etsar som de två fallande husen
genom ögonbindeln
bilden av svampmolnsljuset

Ur svalget väller blod
och matrester
kräkningarnas kaskader
fyller golvet med
mina hallucinationer.